Rauch:

Anleitung zur Autosuggestion

10 Selbsthilfe-Übungen

Edeltraud

1991

Anleitung zur Autosuggestion

10 Selbsthilfe-Übungen

Von Medizinalrat Dr. Erich Rauch

5. Auflage

HAUG

Karl F. Haug Verlag · Heidelberg

CIP-Titelaufnahme der Deutschen Bibliothek

Rauch, Erich:
Anleitung zur Autosuggestion : 10 Selbsthilfe-Übungen / von Erich Rauch. — 5. Aufl., 1. Nachdr., 17.—22. Tsd. — Heidelberg : Haug, 1991
(Reihe: Bewegung, Entspannung, Autosuggestion)
Erg. zu: Rauch, Erich: Autosuggestion und Heilung
ISBN 3-7760-1120-3

2. Auflage 1982
3. Auflage 1985
4. Auflage 1987
5. Auflage 1989
1. Nachdruck · 17.—22. Tausend · 1991
Titel-Nr. 2120 · ISBN 3-7760-1120-3
Gesamtherstellung: Druckhaus Darmstadt GmbH, 6100 Darmstadt

Inhalt

Einführung

Die vorliegende *„Anleitung zur Autosuggestion"* stellt eine praktische Ergänzung der Grundlagenschrift „Autosuggestion und Heilung" dar. Es ist eine Fibel, gegliedert in 10 Anleitungen, die das Wesentliche für die praktische Anwendung der bewußten Selbstbeeinflussung beinhalten. Für das Verständnis der Zusammenhänge und für den Erfolg ist aber das Studium der angeführten Hauptschrift unerläßlich.*

Die bewußte Autosuggestion nach Emil *Coué* ist eine *Selbsthilfe-Methode zur positiven Lebensgestaltung.* Sie wirkt durch Nutzbarmachung von Kräften, die jedem Menschen zur Verfügung stehen, die aber vielfach brachliegen oder sogar so fehlgeleitet sind, daß sie erfolgsstörend oder gesundungshemmend wirken. Durch konsequente Anwendung der Methode gelingt es, diese Kräfte zugunsten des Übenden zu lenken. Als Folge kommt es zur Steigerung der seelischen Gesundheit und Lebenskraft, sowie zum besseren Gelingen der Vorhaben. Im Erkrankungsfall führt es zur Verstärkung der Abwehr- und Heilkräfte, und damit sehr oft zur Verbesserung oder Heilung von Krankheiten.

Ärztliche Behandlung und Autosuggestion

In medizinischer Hinsicht stellt die bewußte Autosuggestion eine Ordnungstherapie dar, welche die psychischen und vor allem die unbewußten Seinsschichten des Patienten für die Wiederherstellung der Ordnung (Gesundheit) aufbietet. Es kommt zu einer Mobilisierung der Heilkräfte des Organismus, so daß der Gesundungsprozeß von innen her mit neuer Kraft vorangetrieben wird.

Die Anwendung der Autosuggestion stellt aber in keinem Fall einen Ersatz für ärztliche Behandlung dar. Im Gegenteil! Es ist

* Es wird im Verlaufe dieser Schrift mehrfach auf die den jeweiligen Text ergänzenden Kapitel in dem Buch von Dr. med. Erich Rauch: Autosuggestion und Heilung, Karl F. Haug Verlag, 4. verb. Aufl., Heidelberg 1985, hingewiesen.

die besondere Aufgabe der Methode, ärztliche Therapien, wo nur möglich, von innen her grundlegend zu unterstützen und ihre Wirkung zu verbessern.

Die bewußte Selbstbeeinflussung hat sich bei der Mehrzahl aller funktionellen, vegetativen und psychosomatischen Störungen bewährt, sowie bei den charakteristischen Erkrankungsformen dieser Zeit, die durch Überbelastung, Streß, psychische und nervliche Überforderung mitverursacht sind. Dies gilt auch bei Personen, die leicht den Mut verlieren, rasch verzagen, alle Hoffnungen fahren lassen und bei anderen wieder, die durch Depressionen, Zweifel, Ängste, Fixierung an ihre Krankheitsvorstellungen oder durch sonstige negative Einstellungen ihre eigenen Heilvorgänge behindern. Mit der zusätzlichen Hilfe der bewußten Autosuggestion wurden schon unzählige Störungen sämtlicher Schweregrade, auch langjährige hartnäckigste Leiden, die allen anderen Therapien zuvor getrotzt hatten, entscheidend gebessert oder völlig ausgeheilt.

Jeder Mensch betreibt Autosuggestion

Zum Verständnis der Methode muß man wissen, daß jeder Mensch Autosuggestion betreibt. Autosuggestion heißt Selbstbeeinflussung. Und jeder Mensch beeinflußt sich selbst: lebenslänglich, von der Wiege bis zur Bahre; und alltäglich, von Stunde zu Stunde. Dabei ist es nicht entscheidend, ob man sich mehr oder weniger *bewußt* oder mehr oder weniger *unbewußt* selbst beeinflußt. Entscheidend ist vielmehr, daß man mit seinen Selbstbeeinflussungen ganz enorme Folgeauswirkungen hervorruft, von denen man später, wenn sie schließlich eingetreten sind, meist nicht mehr ahnt, worauf sie zurückzuführen sind. Wir sollten daher wissen, daß wir mit unseren Autosuggestionen stets in den Lauf der strömenden Lebenskräfte unseres Unterbewußtseins eingreifen und deren Bahnen steuern. Es hängt nur von der Richtung ab, die wir unseren Autosuggestionen geben, wohin die angesprochenen hochsensiblen unbewußten Kräfte weiterziehen und was sie uns schließlich bescheren. Und dies kann Aufbau, Erfolg und

Heilung, aber auch Abbau, Mißerfolg und Krankheit sein. Letzteres tritt leider häufiger ein! Die meisten Menschen, gar wenn es ihnen einmal ein wenig schlechter geht, denken viel leichter Negatives als Positives und suggerieren sich damit selbst noch weitere Verschlechterungen ein. Dann aber ist die weitere „Talfahrt" kaum mehr aufzuhalten!

Schon die alten Ärzte haben diese Zusammenhänge für die Heilkunde erkannt. Die Selbstbeeinflussungen des Kranken, sein Glaube oder Unglaube an Genesung nehmen eine Schlüsselstellung für den Erfolg der Therapie ein.

Aufbauende Gedanken, Hoffnung und Zuversicht fördern die Heilung; mangelnder Glaube, Zweifel, Mißtrauen behindern sie. Daher liegt in zahllosen Fällen die Entscheidung über Erfolg oder Mißerfolg einer Behandlung, über Krankbleiben oder Gesundwerden des Kranken nicht allein am Arzt, sondern im besonderen auch am Patienten selbst. Es liegt an seiner Einstellung, an seinem Glauben, an seinen Autosuggestionen. Dies gilt für akute wie für chronische Krankheiten; dies gilt sogar für schwerste Prozesse und Infekte aller Art. Unmißverständlich ist der Lehrsatz des prominenten Wissenschaftlers Prof. *V. E. Frankl:*

Die Immunlage des Menschen wird maßgeblich von seiner Affektlage bestimmt!

Das heißt, daß die Abwehrfähigkeit des Menschen gegen krankmachende Faktoren weitgehend von seiner seelischen Verfassung und somit von den daraus entspringenden Selbstbeeinflussungen abhängig ist. Aus diesem Grund fordert auch der englische Psychosomatiker *Alexander* vom modernen Arzt, er möge Belastungen der Psyche, sogenannte Affektbelastungen oder emotionelle Konflikte seiner Kranken
genauso real und konkret betrachten wie eine Ansteckung mit krankmachenden Mikroorganismen.

Selbst der Heilverlauf von Prozessen, die anscheinend so meilenfern von allem Psychischen entfernt sind wie Unfallfolgen, Verletzungen, Knochenbrüche, hängt maßgeblich von den Autosuggestionen des Verletzten ab.* Ebenso kommt dem psychischen Zustand und den daraus entspringenden Selbstbeeinflussungen des operierten Krebspatienten eine oft unvergleichlich größere Rolle für sein weiteres Gesundheitsschicksal zu als meist erkannt und berücksichtigt wird.**

Die Mehrzahl der kaum bedachten, ungezügelten und unkontrollierten Autosuggestionen des zeitweilig negativ eingestellten Menschen behindert Erfolgsmöglichkeiten oder Gesundungsvorgänge. Dies führt zu ungünstigen, vielfach verhängnisvollen Folgen. Zum Unterschied davon stellen bewußte positive Selbstbeeinflussungen eine heilungsfördernde Hilfe, ja oft sogar eine entscheidende helfende Macht dar. Aufbauende Autosuggestionen können den Übenden wie eine gute Fee vor negativen Auswirkungen herabziehender Fremd- und Selbstsuggestionen schützen. Sie treiben seine inneren Ordnungs- und Heilvorgänge voran und steigern seine Fähigkeit, seine unbewußten Kräfte, sein Leben und sein Schicksal besser zu steuern und besser zu meistern. *Coué* sprach daher von „Selbstbemeisterung".

Wie wirken bewußte Autosuggestionen?

Das konsequente Training bewußter Autosuggestionen schafft dem Übenden früher oder später handgreifliche Beweise für die Wirksamkeit der Methode. Er gewinnt die Überzeugung, damit eine wesentliche Hilfe für sein Wohlergehen selbst in der Hand zu haben. Jeder Erfolg steigert den Glauben an die Methode, was wiederum ihre Wirksamkeit erhöht. Die Wirkungsweise zeigt sich an folgenden Beispielen:

* Siehe Autosuggestion und Heilung, 1. Kapitel.

** Siehe Autosuggestion und Heilung, Die Krebsbehandlungsmethode von Dr. *Simonton.*

1. Beispiel: Die Kopfuhr

Wer sich je abends suggeriert hat, daß er morgens zu einer bestimmten Zeit erwachen werde, der hat, wenn er pünktlich zur angegebenen Zeit munter geworden ist, bereits eine Vorstellung, wie Autosuggestionen wirken.

2. Beispiel:

Auf dem gleichen Prinzip beruht das autogene Training nach *J.H. Schultz.* Auf Vorsprechen der suggestiven Formel „Arme sind ganz schwer!" oder „Arme sind ganz warm!" fühlen sich die Arme sogleich ganz schwer oder ganz warm an (wenn nicht Hemm-Mechanismen dazwischentreten).

3. Beispiel:

Wer sich suggeriert, eine Zitrone zu essen, der hat sogleich den Mund voll Wasser, weil das vegetative Nervensystem und die Speicheldrüsen sofort so gehorchen, als würde man wirklich eine Zitrone essen.

4. Beispiel:

Wer jede Nacht mit der suggestiven Formel einschläft, es werde ihm eine schwierige Aufgabe leicht fallen und gut von der Hand gehen, der wird schon bald am Ergebnis merken, wie gehorsam die Kräfte seines Unterbewußtseins seiner Eingebung Folge leisten.

Auf gleiche Art und Weise wirkt die in der 1. Anleitung besprochene Suggestionsformel von *Coué.* Sie setzt die Gestaltungskräfte des Unbewußten in Richtung „besser und besser" in Gang. Auch hier können sich anfangs durch den kritischen Verstand, das heißt durch Zweifel und Mißtrauen des Übenden, Hemm-Mechanismen einstellen und die Suggestionen unwirksam machen. Aber diese Hemmungen lösen sich bei konsequenter weiterer Anwendung nach und nach auf. Sie schwinden spätestens dann, wenn der Verstand erkennt, daß sein ständiges Einschreiten gegen die Formel vergebliche Mühe ist, da der Übende dennoch unverdrossen weitermacht. Daher resigniert der Verstand schließlich und gibt seinen Widerstand auf. Von dem Moment an wirkt die

Suggestion unbehindert. Ihr Ergebnis steigert sich aber mit zunehmender Übung, Erfahrung und vor allem mit den ersten verspürbaren Erfolgen. Mit wachsendem Glauben an die eigene Suggestionskraft verbessern sich die Resultate. Der Erfahrene weiß sicherlich, wie beim Beispiel des suggestiven Zitronen-Essens, um den Wirkungsmechanismus seiner Suggestionen:

Der Übende suggeriert, sein Organismus realisiert.

Es gibt aber einen Unterschied: Bei „kleinen" Suggestionen, wie für pünktliches Erwachen oder für Schwerwerden der Arme, lassen sich Erfolgsergebnisse in Kürze erzielen. Bei großen Allgemeinsuggestionen hingegen, wie zur Erreichung grundlegender gesundheitlicher Verbesserungen, können Resultate nur nach und nach und selbstverständlich nur im Rahmen der durch Naturgesetze abgegrenzten Möglichkeiten erwartet werden. Je höher das erstrebte Ziel, desto größer müssen Geduld und Ausdauer sein. So können sich etwa Leiden, die zu ihrer Entwicklung viele Jahre gebraucht haben, nicht einfach in wenigen Tagen auflösen.

Die anfänglichen Auswirkungen bewußter allgemeiner Autosuggestionen sind individuell sehr verschieden. Vielfach tritt zuerst ein zartes Gefühl innerer Entlastung oder Erleichterung auf. Oft zeigt sich das Weichen eines seelischen Druckes oder das Empfinden von mehr Lebensfreude und Zuversicht oder ein allgemeines Kräftiger- und Widerstandsfähiger-Werden. Oft schwinden kleine lästige Symptome, an die man sich schon fast gewöhnt, an die man gar nicht mehr gedacht hat, während sich die Hauptbeschwerden noch zäh behaupten. Man kann auch nie vorhersagen, was sich als Folge der allgemeinen positiven Suggestionen zunächst ereignen mag. Die Natur des einzelnen, die heilenden Kräfte des Unbewußten, wissen es besser, was sie im Rahmen der Möglichkeiten zunächst zu ordnen vermögen und was vielleicht erst später nachfolgen kann.

Nach vielen Berichten zeigt sich ein Fortschreiten in kleinen Schritten, die uns anfangs kaum auffallen. Es gleitet wie ein schmales

Rinnsal leise plaudernd dahin, nimmt zunächst nur kleine Steinchen und Blätter mit sich, ein wenig Gestrüpp: kleinere Beschwerden, Alltagsärger, Verdrießlichkeiten fließen ab, gleiten hinaus. Mit der Zeit kommen aber auch ganze, große Brocken in Bewegung...*

Freiwillige und anstrengungslose Durchführung

Entscheidend für erfolgreiche Anwendung der Methode ist die *absolute Freiwilligkeit* der Durchführung. Wer nach dem Lesen der Grundlagenschrift keine innere Beziehung zum Thema gewonnen hat, wer glaubt, daß er eine bewußte Lenkung seiner Selbstbeeinflussungen, Gedanken und Vorstellungen nicht nötig hat, oder wer aus anderen Gründen skeptisch oder sonstwie ablehnend ist, der sollte mit der bewußten Autosuggestion überhaupt nicht beginnen. Sie ist nichts für ihn! Es hat keinen Zweck! Die *Coué*-Methode wirkt ja über das Glauben! Wer aber – warum auch immer – nicht an sie glaubt, der darf mit ihr keinen Erfolg erwarten, der kann auch keinen erzielen. Der Skeptiker steuert ja mit seiner Verneinung die Kräfte seines Unbewußten nur in Richtung Mißlingen und wird daher auch nur Mißerfolg ernten.

Für alle Zielsetzungen des Lebens, nicht nur für die bewußte Selbstbeeinflussung, gilt:

Ohne Glauben an Erfolg gibt es keinen Erfolg!

Dies gilt auch für Personen, die zwar grundsätzlich positiv zur bewußten Selbstbeeinflussung eingestellt sind, die aber bei der einen oder anderen der nachfolgenden 10 Anleitungen ein Gefühl des Unbehagens oder der Ablehnung empfinden. Sie sollen diese *eine* Übung – zumindest vorerst – unbedingt völlig ausklammern! Sie dürfen immer nur jene Aufgaben bearbeiten, die ihnen besonders liegen und an deren Wirkung sie glauben. Sie dürfen sie

* *Voegele, H.:* Gedanken zum Leben. D-7544 Dobel.

nur gerne, aus eigenem Ansporn, also absolut freiwillig für sich anwenden. Nur über die Freiwilligkeit und den Glauben an den Sinn einer Übung wird jene suggestive Wirkung erzielt, die ganze Divisionen an unbewußten Gestaltungskräften zum erfolgreichen Einsatz bringt. Die anfängliche Beschränkung auf eine oder zwei Anleitungen ist aber kein Nachteil! Man soll nämlich

nur mit 1–2 Übungen beginnen und erst mit der Zeit, etwa nach Wochen, nach und nach, weitere dazu nehmen!

Auch später braucht man keineswegs alle 10 Übungen durchführen, da diese sich ja in ihrer Wirkung teilweise überlappen. Man wird aber – je besser *eine* Übung gelingt – sich mit allen anderen um so leichter tun. Etwaige anfängliche Aversionen gegen eine bestimmte Anweisung verlieren sich übrigens mit der Zeit ganz von selbst.

Die Handhabung der Technik muß immer ganz leicht, wie selbstverständlich, *ohne jede Anstrengung, ohne Willens- oder Energieanwandlung* vor sich gehen. Jedes Erzwingenwollen eines Erfolges, jede Ungeduld, jedes Sich-Verbeißen bringt nur inneren Krampf und Mißlingen. Günstig ist eine gesunde Portion an Selbstvertrauen, Geduld und Zuversicht. Besonders hilfreich ist auch noch die Einstellung des Dank-Empfindens im voraus. Dank-Empfinden für alles Gute, was einem die angesprochenen eigenen Lebenskräfte mit der Zeit bescheren werden. Es stellt den besten Garanten für gutes Gelingen dar.

Für alles aber gilt auch hier das weise Wort von *Goethe:*

Es ist nicht genug zu wissen, man muß auch anwenden!
Es ist nicht genug zu wollen, man muß auch tun!

* *
*

1. Anleitung
Vorsprechen der Zentralformel

Nachts, möglichst vor dem Einschlafen, und morgens, möglichst sofort nach dem Erwachen, flüstern oder sprechen Sie sich halblaut, zumindest so laut, daß Sie sich hören und verstehen können, die tägliche Botschaft an Ihr Unterbewußtsein 20 mal (oder auch etwas öfter) vor:

Es geht mir mit jedem Tag – in jeder Hinsicht – immer besser und besser!

Sprechen Sie diese Zentralformel von *Coué* ganz leicht, ohne jede Anstrengung, auf möglichst schlichte, möglichst einfache, fast kindliche Art. Sie können auch etwas monoton sprechen, so wie man eine Litanei aufsagt. Sie brauchen sich nicht auf Ihre Worte zu konzentrieren und sollen sich nicht zur Aufmerksamkeit zwingen. Wenn Sie dem Inhalt der Sätze mühelos folgen können, mögen Sie es tun, die Wirkung tritt aber auch ein, wenn Ihre Gedanken abschweifen. Es ist nur notwendig, daß Ihre Ohren die Worte hören und verstehen können. (Es kommt nicht darauf an jetzt Ihr Hirn zu überzeugen, sondern die Botschaft Ihrem Unbewußten vorzusagen!)

Erwarten Sie sich auch keine Wunderwirkungen! Schielen Sie nicht nach dem Erfolg, das bringt sofort eine hemmende Anspannung mit sich! Üben Sie nur konsequent. Die Formel wirkt für Sie, bewahrt Sie vielleicht schon vor mancherlei Unbill, bevor Sie selbst ihre ersten Auswirkungen erkennen. Bleiben Sie nur anspannungslos und zuversichtlich. Das Sprechen der Suggestion ist das Eingeben eines hilfreichen Impulses für kommende Stunden. Es ist ein „Programmieren“ oder – wenn Sie schon mit spürbarem Erfolg suggerieren – ein Verstärken früherer, bereits sich günstig auswirkender Impulse. Diese Anstöße dienen dazu, die brachliegenden, inaktiven, gehemmten oder auch fehlgeleiteten strömenden Kräfte Ihres Unterbewußten auf das Ziel zu lenken, die Dinge Ihres Lebens zum Besseren hin zu bewegen.

Erklärung:

Den *1. Absatz* der Formel: „Es geht mir mit jedem Tag", dürfen Sie nicht fehldeuten. Es handelt sich nicht um eine Aussage, wie es Ihnen gerade ergeht. Es könnte Ihnen vielleicht sogar alles andere eher als gut gehen. Das ist damit nicht gemeint. Horchen Sie genau hin: das „es geht..." besagt, daß sich etwas *in Bewegung setzt.* Mit dem Sprechen der Botschaft kommt etwas in Gang, es geht also, bewegt sich auf das „besser" hin. Das Vorsagen ist somit unabhängig davon, wie Sie sich gerade fühlen. Es geht nur darum, Ihr „inneres Schwungrad" zum Besserwerden in Gang zu setzen oder weiter zu bewegen.
Der *2. Absatz* der Formel mit den drei goldenen Worten „in jeder Hinsicht" bedeutet, daß sich der Satz auf *alles* bezieht und *alles* miteinschließt, was für Ihr Wohlergehen wichtig ist: das Seelische, das Körperliche, das Zwischenmenschliche, das Berufliche, das Wirtschaftliche usw. (Die Anwendung von Sondersuggestionen besitzt daher, falls überhaupt zweckmäßig, zweitrangige Bedeutung.)

Der *3. Absatz* der Formel: *„immer besser und besser!"* gibt Ihren Lebenskräften, voran den schaffensfrohen Gestaltungskräften Ihres Unterbewußtseins, die Richtung für Ihre Aktionen. Diese Kräfte werden in Richtung „besser und besser" hingelenkt, so daß Sie zu Recht mit mehr Mut, mehr Vertrauen und Zuversicht in das noch bevorstehende Heute und Morgen eintreten können.

Da man nie sagen kann, daß unsere Lebensqualität schon die Obergrenze des Bestmöglichen erreicht hat, kann man auch nie sagen, daß man ab nun aufbauende Suggestionen nicht mehr benötige, daß man damit aufhören könne. Unser weiteres Leben wird vielleicht noch vielerlei Wechselfällen und Schwankungen unterworfen sein. Deshalb sollen wir auch in Zukunft, vielleicht auch „nur“ vorbeugend danach trachten, durch weiteres Selbstbeeinflussen das Bestmögliche aus uns und aus den Gegebenheiten herauszuholen. Auch dies bedeutet das konsequente Wiederholen des *„immer besser und besser!“*

Mit jedem Vorsagen ereignet sich etwas in uns. Wir können nicht etwa denken, es sei nun nichts oder fast nichts geschehen! Das wäre grundfalsch! Auch wenn wir es nicht schon bald merken: immer geschieht etwas, das in den kommenden Tag hineinwirkt und tiefer noch in die kommende Nacht. Mit der Zeit graben die suggestiven Worte ihre unauslöschbaren Spuren in unser Unterbewußtsein, tasten sich in alle Spalten unserer Seele, dringen in alle Nischen unseres Lebens ein, spüren vielerlei, vielleicht auch Wohlverstecktes, Dunkles, Bedrückendes, Lebenshemmendes auf und treiben es an das Tageslicht. Damit wird es uns bewußt, verliert seinen geheimen Einfluß und macht den Weg für bislang brachliegende Lebenskräfte frei. Diese wirken dann im Sinne des Besserwerdens.

Kurzfassung der 1. Anleitung

1. Sprechen Sie sich morgens und abends ganz leicht, einfach und natürlich je 20 mal die Zentralformel vor.
2. Üben Sie alltäglich, konsequent und unverdrossen. Drängen Sie sich nicht nach „Erfolgen“, sondern lassen Sie Ihre durch die Botschaft gelenkten Lebenskräfte ungestört für Sie wirken.
3. Nehmen Sie schon die ersten Zeichen dankbar zur Kenntnis, an denen Sie erkennen können, daß Ihr Unbewußtes bereits Ihren Suggestionen Folge leistet.

2. Anleitung
Konzentrationshilfe Kugelschnur

Eine nicht unbedingt erforderliche, jedoch praktisch bewährte Hilfe zur anstrengungslosen Konzentration stellt eine Knoten- oder Kugelschnur oder Perlenkette dar. Diese kann 20, aber auch 30 oder 60 Knoten oder Kugeln aufweisen. Damit zählt man die vorgesagten Formeln, wenn man je nach Anzahl der Kugeln in der Kette pro Botschaft eine oder zwei oder drei Kugeln weiterwandern läßt. Es hat sich bewährt, mit Zeigefinger und Daumen der einen Hand die Kugel den entsprechenden Fingern der anderen Hand zu übergeben. Dabei schiebt man von der stärkeren Körperseite auf die schwächere hin, das heißt Rechtshänder von der rechten zur linken Hand, Linkshänder umgekehrt. Bei 60 Kugeln reicht man mit jedem Absatz der Formel eine neue Kugel weiter: Es geht mir mit jedem Tag (1. Kugel) – in jeder Hinsicht (2. Kugel) – immer besser und besser (3. Kugel). Bei 30 oder 20 Kugeln in der Kette kann man es ebenso machen, wenn man die Kette 2mal oder 3mal durchlaufen läßt. An einer kleinen Quaste oder ähnlichem ertastet man, wenn das Ende der Kette erreicht ist.

Das bewußte Ergreifen und Weiterreichen der Kugeln verhindert das störende Abzählen und fördert das mühelose Konzentrieren auf jeden Absatz der Botschaft. Beim 1. Absatz „es geht..." lassen Sie bewußt die Kugel auch „gehen", das heißt in die andere Hand hinüber, zum Besseren hin „gehen". Ebenso lassen Sie Ihre Finger mitgestaltend wirken, wenn Sie sich die nächsten Absätze der Formel vorsagen. Dies macht einen gewissen manuellen Spaß und bringt ein entspannendes, auflockerndes, spielerisches Element in die Aufgabe. Sie sind dann ganz bei der Sache und nehmen damit Ihrem kritischen Verstand die Gelegenheit zu hemmenden Gegenreden. Es ist daher gerade für den Intellektuellen die Anwendung der Kugelschnur besonders wertvoll!

Das Erfühlen, Ertasten, Ergreifen mit seinem Weiterschieben von Kugel zu Kugel entfaltet für viele auch eine vertiefte *Entspannung* und ein vermehrtes Gefühl der *Befriedigung,* die Aufgabe, auch mit den Fingern verspürbar, gut bewältigt zu haben.

Wer sich ernsthaft zur konsequenten Durchführung der Autosuggestion entschlossen hat, der wähle sich Kugeln aus einem ihm persönlich sympathischen (und damit zusätzlich fördernden) Material aus, z. B. aus Holz, Bernstein, Bergkristall, Amethyst, Perlen usw.

Und nicht zuletzt: während Sie die Kugeln durch die Finger gleiten lassen:
lächeln Sie bewußt und lassen Sie sich von Dank durchfluten,
Dank im voraus für das Gute, das Gelingen, die Heilkraft, die nun, heute und morgen, in Ihrem Leben offenbar werden. Vergessen Sie nicht: keine Ihrer Mühen geht verloren! Ihr angesprochenes Unterbewußtsein wird Ihnen seine guten Dienste zu Zeiten erweisen.

Kurzfassung der 2. Anleitung

Durch Anwendung einer Kugelschnur oder Knotenschnur zum Abzählen der Zentralformel konzentrieren Sie anstrengungslos und nehmen Ihrem kritischen Verstand die Gelegenheit, Ihre Suggestionen unwirksam zu machen. Bei vielen Personen steigert diese Konzentrationshilfe auch die Tiefenwirkung auf das Unbewußte.

3. Anleitung
Innere Therapie-Mithilfe

Jedes gute Arzt-Patient-Verhältnis gründet im *Vertrauen.* Der Patient muß seinem Arzt vertrauen, die rechte Therapie zu erhalten, der Arzt wieder muß dem Patienten vertrauen *können,* daß dieser alle Anweisungen, auch unangenehme, wie diätetische, bewegungstherapeutische usw. gewissenhaft erfüllt. Ansonsten bleibt dem Arzt nichts anderes übrig als auf die Verordnung vieler grundlegend heilsamer Maßnahmen zu verzichten und nichts anderes als Medikamente zu verschreiben.

Wenn aber der Patient trotz seiner Bereitschaft zu voller Therapie-Mitarbeit immer nur pharmazeutische Produkte als einzige Behandlung erhält und zu diesen Präparaten wegen ihrer möglichen Nebenwirkungen kein Vertrauen besitzt, dann hat er noch nicht „seinen" Arzt gefunden. Für den bestmöglichen Therapieerfolg braucht man den Arzt seines Vertrauens. Er muß gesucht werden und kann dann oft eher unter den Ärzten, die natürliche Heilweisen schätzen, gefunden werden.

Ihre Mithilfe-Möglichkeit als Patient besteht darin:

1. Bringen Sie von vornherein dem von Ihnen selbst gewählten Arzt spürbar(!) Ihr Vertrauen entgegen. Zeigen Sie ihm, daß Sie ein *guter und gehorsamer* Patient sind, auf dessen Mitarbeit er sich verlassen kann. Dies gilt auch im Falle „unbequemer" Therapieformen, die mit Verboten liebgewordener ungesunder Gewohnheiten oder mit Einschränkungen im Essen, Trinken usw. oder sonstigen Disziplinierungen einhergehen.

2. Halten Sie alle Anordnungen gewissenhaft ein und seien Sie unerschütterlich davon überzeugt, daß sie Ihnen großartig helfen werden. Mit anderen Worten: Seien Sie wirklich ein gehorsamer Patient und glauben Sie felsenfest und beharrlich

an den Erfolg Ihrer Behandlung! (Unter diesen Umständen wird er auch kommen!)

3. Wenn Ihnen an Ihrer Behandlung etwas als unklar erscheint, dann bitten Sie Ihren Arzt um Aufklärung. *Sie sollen unbedingt den Sinn jeder einzelnen Maßnahme kennen, da Sie nur dann innerlich wirkungsvoll mitmachen können.*
   Verstehen Sie das Prinzip der Worte von *Coué:*
   „Wenn ein Arzt dem Kranken sein Rezept ohne begleitende Anweisung übergibt, werden die verordneten Medikamente kaum viel nützen. Erklärt er aber dem Patienten, unter welchen besonderen Umständen die einzelnen Medizinen zu nehmen seien und welche Wirkungen er von ihnen erwartet, so werden die vorausgesetzten Wirkungen fast todsicher eintreten."

4. Denken oder sagen Sie sich bei jeder(!) Anwendung und bei jeder(!) Einnahme einer Arznei: „Das tut bestimmt sehr gut!", „das hilft mir wieder weiter!" oder: „damit werde ich stets besser und besser!" Vergessen Sie nie: Jede Therapie wirkt umso besser, je stärker Sie an ihre gute Wirkung glauben!

5. Nehmen Sie Arzneien immer bewußt und mit Dankbarkeit ein, dankbar für die kommende oder für die bereits in Gang gesetzte Hilfe. Und dies bei jeder (!) Einnahme!!

Darüber hinaus ergeben sich noch andere Möglichkeiten der inneren Therapie-Mithilfe, die sich nach der jeweiligen Therapieart richten. Sie beruhen einerseits auf gewissenhafter äußerer Befolgung und andererseits zuversichtlicher innerer Mitarbeit mit dem Glauben an Erfolg.

Dies gilt für alle Bereiche der Heilkunde, einschließlich operativer und schwieriger Fälle. Ein entscheidender Anteil am Zustandekommen eines jeden Therapieerfolges liegt an der ständigen positiven Mitarbeit des Patienten selbst. Daher gilt: *Hilf Dir selbst, dann hilft Dir auch Dein Arzt!**

* Siehe Grundlagenbuch, Kapitel „Fremdsuggestion bei Arzneiverordnung", „Krebsbehandlung nach Dr. *Simonton"*.

Kurzfassung der 3. Anleitung:

1. Zeigen Sie dem Arzt Ihres Vertrauens Ihre Bereitschaft zu bestmöglicher Mitarbeit, auch im Falle unangenehmer Verordnungen.
2. Beweisen Sie Ihre absolute Therapie-Verläßlichkeit und Konsequenz!
3. Suggerieren Sie sich bei jeder Anwendung oder Einnahme deren ausgezeichnete Wirkung! Keine Einnahme ohne Suggestion!!
4. Das Wissen um diese Zusammenhänge genügt nicht! Erst durch den alltäglichen bewußten Vollzug bringen Sie unerhört starke innere Heilkräfte zum Einsatz!

4. Anleitung
Pflege der inneren Einstellung

Innenweltverschmutzung ist noch schädlicher als Umweltverschmutzung

Voraussetzung für die Erfüllung der 4. Anleitung ist die Kenntnis des Grundlagenbuches. Durch *wiederholtes Lesen* besonders der Kapitel „Die drei Todsünden gegen den inneren Arzt" und „Der Kardinalfehler der Willensanspannung" wird der Schüler der Autosuggestion schließlich *sensibilisiert* gegen die ihn schädigenden Verstöße wider sein Unbewußtes. Was sich bisher weitgehend unbeachtet und unkontrolliert ereignen konnte, wie das Annehmen schädlicher Fremdsuggestionen und das undisziplinierte, ungehemmte Schaffen herabziehender, störender bis selbstzerstörender Selbstsuggestionen, das kommt nun unter das Tageslicht des Bewußtseins. Hier gilt: wer ein Übel erkennt, hat es schon halb geheilt! Die Folgerungen daraus heißen:

1. Beachten Sie wachsam Tendenz und Niveau aller auf Sie einwirkenden Einflüsse! Dies gilt sowohl für die von anderen Personen und Medien abstammenden Fremdsuggestionen, wie auch für die eigenen selbstgeschaffenen Suggestionen. Entlarven Sie auch alle getarnten negativen Tendenzen, gleich ob Sie unter der Maske der Sorge auftreten, oder ob sie sonstwie versuchen, Sie insgeheim in die Niederungen des Pessimismus, der Verzweiflung, der Hoffnungslosigkeit, des Schwarzsehens, des Miesmachens, des Zynismus, des Glaubens an Mißlingen usw. hinunter zu ziehen. Es sind dies typische *„geistige Gifte"*, die Ihre besten Kräfte lähmen, Sie hilf- und wehrlos machen und Unglück bringen!

2. Wie Sie die Einnahme einer giftigen Speise verweigern, so weisen Sie negative Suggestionen aller Art als geistiges Gift sofort weit von sich. Prägen Sie sich ein: Alle negativen Ein-

flüsse, die Sie bekommen, können sich nur in Ihnen auswirken, sich nur in Ihnen am Leben erhalten und Sie quälen, wenn Sie sie selbst durch Ihre Gedanken füttern. Sie können negative Einflüsterungen sogar zu wahren Monstren aufpäppeln, zu Ungetümen mästen, wenn Sie ständig über sie nachgrübeln und sich dauernd mit ihnen auseinandersetzen. *Ignorieren* Sie daher sogleich alle auf Sie einwirkenden negativen Einflüsse! Diese verziehen sich dann auch in Kürze. Denken Sie stattdessen sofort an Positives! Mobilisieren Sie eine ganze Armee an erfreulichen zuversichtlichen Vorstellungen und Bildern! Pflegen Sie in sich grundsätzlich ein hohes lebensförderndes und zuversichtliches Niveau aller Ihrer Einstellungen! Dies ist gerade in schwierigen Situationen entscheidend. Es wird Ihnen mit Sicherheit helfen, über Belastungszeiten gut hinweg zu kommen. Sie werden dadurch nur stärker als je zuvor! Prägen Sie sich ein:

Wer sein Denken positiv gestaltet, der gestaltet auch sein Schicksal positiv.
Die Gedanken von heute sind die Realitäten von morgen.
Meine Denk- und Vorstellungskraft ist lenkbar. Darum:

Ich denke froh und heiter – Glück ist mein Begleiter.

Kurzfassung der 4. Anweisung

1. Sensibilisieren Sie sich gegen schädliche Suggestionen und sonstige „geistige Gifte“. Erkennen Sie alle Gefahren der Innenweltvergiftung!

2. Ignorieren Sie alle negativen Einflüsse bei ihrem ersten Auftreten und verdrängen Sie diese durch eine Armee an positiven Vorstellungen.

3. Pflegen Sie ständig in sich alle lebensfrohen und bejahenden Einstellungen.

5. Anleitung
Die Zielbildvorstellung

An jedem Anfang steht ein neues Ziel

Wenn Sie schon durch einige Wochen die Anleitungen 1–4 mühelos und wie selbstverständlich durchführen, dann können Sie einmal eine aufbauende Konzentrationsübung versuchen: Die Gestaltung eines persönlichen Ziel- und Wunschbildes. Ob sich dieses Bild auf Ihre körperliche oder seelische Gesundheit, auf segensreiche Überwindung von Schwierigkeiten, Leid, Schicksalsschlägen oder auf Glück in Liebe, Ehe, Beruf usw. bezieht, sollen natürlich nur Sie selbst bestimmen. Fragen Sie sich, was Ihnen derzeit das Wichtigste, das Nötigste und Naheliegendste ist, was Sie sich wünschen, was Sie erreichen wollen. Sie sollen aber nur mit *einem* und nicht mit mehreren Zielbildern gleichzeitig arbeiten, und sie sollen dieses eine nur dann auswechseln, wenn es sich erfüllt oder erübrigt hat.

Stellen Sie sich die von Ihnen erwünschte, bestmögliche Situation ganz nüchtern, konkret, plastisch und so deutlich als möglich vor. Fassen Sie auch alle Einzelheiten rund um das angestrebte Ereignis ins Auge, so, als erlebten Sie bereits jetzt schon dessen Verwirklichung. Wie man die Feinstellung beim Fernrohr immer wieder aufs Neue dreht, bis alle Details ein scharfes Bild erkennen lassen, so sollen Sie sich immer wieder die gesamte Zielsituation klarmachen, ihre Begleitumstände vorstellen und alles mit frohen leuchtenden Farben ausmalen. Dabei können Sie Ihre Phantasie etwas mitgestalten lassen, aber nur im begrenzten Rahmen. Denn Sie dürfen keinesfalls abschweifen, dürfen nicht ins Träumen kommen oder sich verlieren. Es ist eine Konzentrationsübung, bei der Sie ganz bei der Sache bleiben müssen.

Natürlich sollen Sie sich kein utopisches Ziel vorstellen, sondern nur eines, dessen Verwirklichung in dem durch Naturgesetze abgesteckten Bereich des vernünftigen Möglichen liegt.

Das Zielbild ist immer in der Gegenwart vorzustellen, so, als wäre es bereits Wirklichkeit. Auch während des Alltags ist es günstig, wenn Sie sich – innerlich froh und lächelnd – Ihres Zielbildes erinnern und es dann und wann kurz vor Ihr inneres Auge führen.

Die systematische Anwendung dieser Übung erfolgt am besten im Rahmen eines

alltäglichen Autosuggestions-Programmes.

Dabei können Sie morgens und abends mit dem Vorsagen der Formel beginnen und sich anschließend auf einige Minuten Ihr Zielbild gestalten, oder Sie machen es umgekehrt, erst das Bild, dann die Formel, wie es Ihnen lieber ist. Aber alles muß ganz leicht vor sich gehen, darf keinen Zwang oder Krampf ergeben. Die Bildgestaltung soll völlig mühelos geschehen, ansonsten läßt man sie lieber sein, versucht sie aber immer wieder. Je öfter Sie sich Ihr schönes Ziel innerlich ausmalen, desto besser gelingt es, desto konkretere Konturen nimmt es an und desto stärker ist seine Verwirklichungskraft. Wenn es schon gut „läuft", dann merken Sie nach einiger Zeit mit aller Sicherheit, daß sich Ihre Vorstellungs- und Konzentrationskraft gesteigert hat. Dies macht sich im Alltag zunehmend mehr als Gewinn, als innerer Kraftzuwachs bemerkbar. Für alle diese anfangs gar nicht leichten Übungen gilt der Leitsatz:

Jede Kraft wächst nur durch ihre Betätigung.

Übungsbeispiele

Der Frischoperierte stellt sich vor, sobald er nur kann, daß die Operationswunde ohne Komplikation verheilt ist; daß er rasch wieder auf den Beinen steht; er sieht sich selbst gut erholt, gut gekräftigt, voll leistungsfähig, fröhlich, wie er seine geliebte Tätigkeit wie Gartenarbeit, Hobby, Beruf wieder erfolgreich ausübt.

Der Magenkranke stellt sich vor, daß er wieder über einen kräftigen Appetit verfügt; daß sein Magen alle Speisen bestens verträgt und richtig verarbeitet; daß ihm alles köstlich schmeckt, er von Tag zu Tag kräftiger wird und sich so wohl fühlt, wie in den besten Jahren seines Lebens zuvor.
Der Verheiratete in der Ehekrise stellt sich seine Ehesituation nach Abklingen der Krise vor; wie er und sein Ehepartner über die dunklen Schatten gut hinweggekommen sind; wie sie sich alles verziehen haben, die Wunden verheilt sind, die Liebe neu entflammt und die Ehe wieder heil geworden ist, gefestigter denn je zuvor, usw.

Allgemeine Suggestion für sich selbst:

Diese ist das wichtigste Beispiel. Schaffen Sie ein positives Bild von sich selbst, von Ihrer persönlichen guten Weiterentwicklung auf allen Ebenen, von Ihrem erfreulichen Kontakt mit Ihren Mitmenschen, von Ihrem wachsenden Optimismus und Ihrer Lebensfreude, die auf andere ansteckend wirken, usw.

Halten Sie an Ihrem Bild so oft und so intensiv wie möglich fest. Mehr können Sie für sich gar nicht tun! Ihr klares Bild arbeitet dann Tag und Nacht für Sie! Besonders bei Nacht, weil da Ihr Unterbewußtsein ungestört die Bilder des Tages verarbeitet und unermüdlich an der Verwirklichung des von Ihnen eingegebenen Vor-bildes schafft: „Den Seinen gibt's der Herr im Schlafe!"

Kurzfassung der 5. Anleitung

1. Stellen Sie sich das, was Sie erreichen wollen, so plastisch als möglich vor, in allen Einzelheiten und in der Gegenwart, so, als würden Sie eben die Verwirklichung Ihres Wunsches erleben.

2. Erweitern Sie Ihr tägliches Autosuggestions-Programm: Vor oder nach dem Sprechen der Formel gestalten Sie regelmäßig Ihre hohe Zielvorstellung.

3. Führen Sie sich gelegentlich auch während des Tages Ihr schönes Zielbild vor Augen.

6. Anleitung
Der Austausch der Bilder

Der Austausch der Bilder ergänzt und erweitert die 5. Anleitung.

Jeder Mensch macht sich automatisch über die verschiedensten Dinge des Lebens sein Bild. Dies ist wörtlich aufzufassen. Wir tragen in uns gespeichert eine Unzahl selbst geschaffener und selbst erworbener Bilder über alles mögliche. Je vielseitiger und größer unser Reichtum an solchen Bildern ist, d.h. je mehr wir über das Verschiedenste „im Bilde" sind, desto größer ist auch unsere Bildung. Täglich gewinnen wir zu unseren bisherigen Bildern neue hinzu, wechseln aber auch alte Bilder aus, wenn wir glauben, daß sie nicht (mehr) stimmen, daß sie uns falsch ins Bild setzen. Das alte Bild wird durch ein neues ersetzt.

Dieser *Austausch von Bildern* findet in uns alltäglich statt. Er stößt aber auf Schwierigkeiten, wenn das alte Bild sich schon sehr tief in uns einprägen, uns durch lange Zeit beeinflussen und unsere Meinung souverän beherrschen konnte. Wie die Räder eines Wagens auf weichem Erdreich tief eingefahrene Bahnen ziehen, so graben eindrucksvolle Bilder in uns tiefe Spuren, die nur mehr schwer zu beseitigen sind. Unsere Gedanken gelangen dann unwillkürlich immer wieder in diese vorgeformten Spuren hinein und kommen nur sehr schwer wieder aus ihnen heraus. Dies gilt gerade für alle einprägsamen und gespenstischen Bilder, die wir uns machen, für alle, welche die Zeichen von Unheil, Krankheit, Hoffnungslosigkeit, Elend, Versagen, Gefahr usw. in sich tragen. Dies gilt aber genauso für die vielen getarnten, insgeheim versteckten Droh- und Angstbilder. Sie alle beeindrucken uns meist so intensiv, daß sie sich schnell und tief in uns einsenken, eingraben, verkrallen und sich gegen einen Austausch mit „Zähnen und Klauen" verteidigen, wenn wir sie nicht schon bei ihrem ersten Auftreten so schnell und radikal als möglich aus uns entfernen.

Da sie außerdem schon bald unser ganzes Fühlen und Denken beeinflussen, es unterminieren und jedem Gelingen im Wege stehen, lautet die 6. Anleitung:

Bringen Sie grundsätzlich alle Bilder, die Sie sich machen, unter die Kontrolle Ihres Bewußtseins! Entlarven Sie vor allem Bilder mit versteckten negativen Tendenzen, gleich ob sie unter der Maske übertriebener Sorge, betonter Skepsis, ständigen Zweifels oder unter anderer Tarnung auftreten. Alle Vorstellungen, die Ihre Zuversicht untergraben, Ihren Schwung hemmen, Ihre Freude vergällen, Ihre realistischen Zukunftspläne verdüstern, Ihre Tatkraft lähmen, Ihren Glauben an sich selbst aushöhlen oder sonstwie den Teufel an die Wand malen, sind als Ihre wahren Feinde und Hindernisse zu erkennen. Sie wollen Ihren Weg zu einer besseren Gesundheit und zu neuen Ufern versperren, Sie zur Tatlosigkeit und Resignation zwingen.

Dennoch dürfen Sie dunkle Bilder nie direkt bekämpfen!

Jeder Blick auf sie, jeder Gedanke an sie, auch jedes Argumentieren mit ihnen füttert sie, ja mästet sie, macht sie nur stärker und mächtiger! Sie können alles Dunkle in Ihnen immer nur loswerden, wenn Sie es *ignorieren,* d.h. nicht beachten und durch starke positive Bilder ersetzen. Dazu brauchen Sie sich nur Ihr positives Zielbild aus der 5. Anweisung in Erinnerung rufen, es sich vorstellen und daran denken. Jedesmal, wenn Sie eine ungute Vorstellung oder Empfindung bedrängen möchte, denken Sie sogleich an Ihr Zielbild! Und dies zumindest so lange, bis das Übelbild verschwunden ist. Je öfter Sie diesen bewußten Austausch der Bilder üben, desto besser gelingt er, bis Sie schließlich von keinen negativen Bildern mehr belästigt und überfallen werden.

Der Austausch der Bilder ist im Krankheitsfall von entscheidender Bedeutung. Bedenken Sie, daß neben aller Therapie die Heilung von Krankheiten, sogar die sogenannten Wunderheilungen, wie sie bei unzähligen völlig aufgegebenen Kranken stattgefunden haben, vor allem darauf beruhen, daß, wodurch auch immer, im Kranken der felsenfeste Glaube an seine Heilung erweckt wird. Der stärkste Glaube ist der dynamische Glaube, also jener, der „Berge versetzen“ kann. Er ist vor allem wollender Glaube an die Wiederherstellung der Gesundheit: *Er setzt das Bild der wieder zu erlangenden Gesundheit an Stelle des Bildes der Krankheit!* (Siehe im Grundlagenbuch Kapitel „Der Glaube“, „Austausch der Bilder“.)

Kurzfassung der sechsten Anleitung

1. Werden Sie sich der Bilder, die Sie sich machen, bewußt.
2. Entlarven Sie alle Bilder mit negativen Tendenzen.
3. Ignorieren Sie sofort jedes Auftreten negativer Ideen, Einbildungen, Vorstellungen, Impulse. Denken Sie sofort an Ihr positives Zielbild!
4. Üben Sie bei jeder Gelegenheit den Austausch der Bilder!
   Es ist eine Frage der Wachsamkeit und Bereitschaft, üble Bilder
   zu keiner Zeit – an keinem Ort – bei keiner Gelegenheit
   auf sich einwirken zu lassen.
5. Werden Sie selbst der Herr Ihrer Ein-bild-ungen!

7. Anleitung
Anwendung der allgemeinen Heilsuggestion von Coué

Coué hat in seinen unzähligen Suggestionssitzungen sämtlichen Teilnehmern, gleich ob sie körperliche oder seelische Leiden hatten, stets die gleiche *allgemeine Heilsuggestion* übermittelt. Die allein damit erzielten Heilerfolge waren erwiesenermaßen außerordentlich groß. Es ist empfehlenswert, diese Suggestion, die hier in geringfügig abgeänderter Form wiedergegeben ist, in einer ruhigen Viertelstunde auf sich einwirken zu lassen. Lesen Sie sich die folgenden Sätze regelmäßig, eventuell jeden Abend, zumindest aber 1mal wöchentlich vor. Sprechen Sie dabei halblaut, langsam und etwas eindringlich, so daß Ihr Unbewußtes jedes einzelne Wort gut aufnehmen kann. Fühlen und schwingen Sie sich in die Worte des Meisters ein! Eröffnen Sie sich dem, was für Sie vorbeugend und gesundend wirken kann. Am besten ist, wenn Sie sich vom Gesprochenen *durchdringen* lassen, wie von einer *heilsamen Melodie.* Sie wird Sie innerlich stärken und Ihnen helfen, etwaige Dissonanzen abzubauen, die zumindest in Ihrem Unbewußten vielleicht eine ungünstige Rolle spielen. Machen Sie also Ihre Seele weit! Und nehmen Sie tief in sich die folgenden Akkorde auf! Sie werden in Ihnen hilfreich nachklingen und weiterwirken:

„Alle Worte, die ich jetzt sage und die ich höre, prägen und graben sich in mir ein. Sie haften in mir felsenfest und bleiben tief in mir eingeprägt und eingegraben, so daß ich und mein ganzer Organismus diesen Worten Folge leisten, diesen Worten gehorchen, ohne weiter an sie zu denken. Dies vollzieht sich automatisch, auf vollständig unbeschwerte, mir ganz unbewußte Art und Weise.

Zunächst sage ich mir, daß die Aufnahme, die Verdauung und die Ausnützung der von mir eingenommenen Nahrung stets ausgezeichnet und glatt vonstatten geht. Ich werde täglich zu den Essenszeiten einen gesunden kräftigen Appetit verspüren. Ich werde mich auf das Essen freuen und werde daher gerne, aber stets sehr langsam und sehr maßvoll essen. Ich werde alle Speisen lange und gründlich kauen und jeden Bissen in einen weichen Brei verwandeln, bevor ich ihn hinunterschlucke. Unter solchen Voraussetzungen werde ich gut verdauen, die zugeführten Nährstoffe gut verwerten, und mein Körper wird alle diese Stoffe in Blut, Muskeln, Kraft, Energie – mit einem Wort – in gesundes Leben umsetzen.

Da ich also gut verdaue, geht auch das Ausscheiden des Unverdaulichen ohne Schwierigkeit vonstatten: jeden Morgen, bald nach dem Aufstehen, werde ich das Bedürfnis nach Entleerung empfinden. Das Ergebnis wird immer zufriedenstellend und ganz normal sein.

Außerdem werde ich jede Nacht, von dem Augenblick an, von dem ich einschlafe, bis zu dem, da ich am nächsten Morgen erwachen will, tief, still und ruhig schlafen. Beim Erwachen werde ich mich in jeder Beziehung gesund, froh und frisch fühlen.

Ferner: Wenn ich gelegentlich traurig bin, wenn ich mich gräme, schwarzen Gedanken nachhänge, wird das von jetzt an aufhören! Statt dessen werde ich fröhlich sein, vielleicht grundlos, aber dennoch fröhlich und heiter. Ja, mehr noch: Sogar wenn ich wirkliche Gründe zu Kummer oder Betrübnis habe, werde ich mir beides fernhalten.

Wenn es manchmal bei mir vorkommt, daß ich Anwandlungen von Ungeduld und Jähzorn verspüre, so werden solche Anwandlungen von nun an ausbleiben. Vielmehr werde ich geduldig sein, auch andere Menschen gelten lassen, sie hochachten, ihnen zuhören und ihnen besonnen antworten. Dinge, die mir bislang auf die Nerven gingen, die mir Verdruß bereitet und mich aufgeregt haben, werden mich von nun an völlig kalt lassen. Ich werde ganz ruhig, restlos ruhig und gelassen bleiben.

Wenn ich manchmal von quälenden Vorstellungen bedrängt und heimgesucht wurde, von Angstzuständen, Schreckempfindungen, unbegründeten Abneigungen oder von verbittertem Nachtragen, so wird dies nach und nach dem Blickfeld meiner Vorstellungskraft entschwinden, sich gleichsam in einer fernen Wolke auflösen und verlieren, bis alles spurlos verschwunden ist. Wie ein Traum beim Erwachen in Nichts zerfließt, so werden alle diese leeren Hirngespinste völlig vergehen.

Ich sage mir außerdem und höre diese meine weiteren Worte ganz genau:

Alle meine Organe arbeiten gut; das Herz schlägt normal, der Kreislauf des Blutes vollzieht sich wie er soll, die Lungen arbeiten gut, der Magen, der Darm, die Leber, die Gallenblase, die Bauchspeicheldrüse, die Nieren, die Blase funktionieren ganz normal. Wenn eines von ihnen gegenwärtig nicht ganz normal arbeitet, so wird die Abweichung vom Normalen jeden Tag geringer, bis sie in naher Zeit ganz geschwunden sein wird, so daß das Organ schließlich wieder normal funktioniert.

(Wenn jedoch ein Organ verletzt ist, so heilen diese Verletzungen mit jedem Tag mehr aus, bis sie in gar nicht langer Zeit vollständig geheilt sind. Wo aber eine Heilung nicht ganz möglich ist, dort heilen die Organe so weit aus, als es im Bereich des Möglichen liegt.)

Als Folge der Autosuggestion

Es geht mir mit jedem Tag – in jeder Hinsicht – immer besser und besser!

übt das Unbewußte seinen heilsamen Einfluß auf alle Organe aus. Dadurch kann auch ein Organ, von dessen Störung ich noch gar keine Kenntnis besitze, geheilt werden, weil das Unbewußte alles Gestörte selbst herauszufinden weiß.

Auch die folgenden Worte sind ungemein wichtig: Wenn ich bisher mir gegenüber ein gewisses Mißtrauen empfunden habe, dann wird dieses Mißtrauen nach und nach verschwinden, es wird in sein Gegenteil umschlagen; an seine Stelle wird Selbstvertrauen treten; ein Selbstvertrauen, das auf jener, uns allen innewohnenden Kraft gründet, deren Grenzen man heute noch gar nicht kennt. Dieses Selbstvertrauen ist eine Lebensbedingung für jedes menschliche Wesen. Ohne Selbstvertrauen erreicht man gar nichts, mit Selbstvertrauen alles, wohlgemerkt im Bereich des Vernünftigen.

Ich bekomme also Selbstvertrauen, und dieses Selbstvertrauen gibt mir die unerschütterliche Gewißheit: Alles, was ich beginne, vorausgesetzt, daß es vernünftig ist, werde ich gut, ja sogar ganz vortrefflich ausführen, ebenso alles was im Bereich meiner Pflichten liegt.

Wenn ich also etwas Vernünftiges unternehmen will, oder einer meiner Pflichten nachzukommen habe, denke ich stets, daß die Sache leicht, ganz leicht ist. Ausdrücke wie: schwierig, unmöglich, es geht nicht, ich kann nicht, sind – ein für alle Mal – aus meinem Wörterbuch gestrichen. Es sind schwächliche, törichte Worte. Meine liebsten Worte heißen hingegen: „Ich kann es, es ist leicht!" oder „es ist leicht, ich schaffe es!" Wenn ich eine Sache für leicht halte, wird sie es für mich sein, auch wenn sie anderen vielleicht schwierig erscheint. Und ich werde diese Aufgabe schnell erledigen und gut erledigen, ohne dabei zu ermüden, weil sie für mich ja keine besondere Anstrengung bedeutet.

Mit einem Wort, ich werde mich in jeder Hinsicht, sowohl körperlich wie seelisch, einer vortrefflichen Gesundheit erfreuen, einer besseren Gesundheit, als sie mir bis jetzt gewährt war.

Ich werde jetzt bis drei zählen, und wenn ich das Wort „drei" ausspreche, werde ich aus dieser meiner Konzentrationsübung auftauchen. Dabei werde ich völlig wach sein, überhaupt nicht müde. Ganz im Gegenteil, ich werde mich frisch, stark, kräftig, munter und voll Leben fühlen. Im besonderen werde ich außerdem heiter und fröhlich sein, richtig heiter und fröhlich, und mich wohl fühlen in jeder Hinsicht! Eins – zwei – drei!

Unmittelbar nach dem Wort „drei" wird die Suggestion abgeschlossen mit:

1. *Mehrmals tief aus- und einatmen!*
2. *Dabei den ganzen Körper wohlig strecken und recken, wie etwa morgens beim Aufstehen nach erquickendem Schlaf;*
3. *und sich bewußt durch und durch aufgebaut und wohl fühlen.*

Kurzfassung der 7. Anleitung

Lesen Sie sich die allgemeine Heilsuggestion von *Coué* regelmäßig, eventuell jeden Abend, zumindest aber 1mal wöchentlich vor. Sprechen Sie dabei halblaut, langsam und konzentriert, so daß Ihr Unbewußtes die suggerierten Aufträge gut aufnehmen kann. Lassen Sie sich vom Gesprochenen wie von einer heilsamen Melodie durchdringen, die in Ihnen hilfreich nachklingen und weiterwirken wird.

8. Anleitung

Suggestive Selbstansprachen und Sonderformeln

Jeder Mensch weiß, daß Zureden hilft. Also reden wir uns doch öfter gut zu. Helfen wir uns mit guten Worten, mit denen wir einen Freund in der gleichen Situation aufrichten würden. Es wird helfen. Dies gilt schon für die vielen Fragen und Probleme des Alltags. Das höhere Ich redet mit den niedrigeren Kräften in uns, rät, baut sie auf und hilft. In diesem Zusammenhang wird auf die entsprechenden Beispiele im Kapitel „Autosuggestive Selbstansprachen“ verwiesen, auf „tagsüber“, „bei Nervosität“, „bei Minderwertigkeitsgefühlen“ usw.

Oft werden Menschen, die mit sich selbst reden, ausgelacht. In Wirklichkeit spricht aber jeder mit sich selbst, wenn auch nicht immer hörbar. Die meisten aber sprechen viel zu wenig mit sich. Selbstgespräche lassen sich kultivieren und entfalten dann enormen Einfluß auf unser ganzes Leben! Aufbauende Selbstgespräche sollen für die eigenen Ohren tunlichst hör- und verstehbar sein, weil sie dann besser wirken. Besonders günstig ist das Selbstgespräch vor dem Spiegel. Sprechen Sie zuversichtlich mit Ihrem Spiegelbild wie mit einem lieben alten Freund. Siehe Kapitel „Spiegelsuggestion“! Schon während der Morgentoilette können Sie sich etwa mehrmals sagen oder vorsingen:*

Heute ist ein guter Tag –
alles gut gelingen mag!

Jeder Schritt auf meinen Wegen
bringt mir heute Glück und Segen! usw.

Das schafft spürbar einen guten Tagesstart!

* Nach eigener Melodie oder nach „Alle Vöglein sind schon da ...“ oder nach „Hänschen klein ...“ usw.

Wertvoll ist auch die Anwendung von *Sondersuggestionen* während des Tages. Sondersuggestionen sollen nicht die Zentralformel ersetzen, können sie aber wirkungsvoll ergänzen. Bei Mangel an Selbstvertrauen, an Zuversicht oder an Glauben an gutes Gelingen kann man sich während des Tages immer wieder vorsagen:

Ich weiß, – ich kann – und glaub daran!

Mit jedem Vorsprechen eines solchen Satzes setzt man einen aufbauenden Impuls. Viele solcher Impulse steigern dann mit staunenswerter Kraft das weitere Gelingen.

Wer tief in einer Verzweiflung, Depression, Mutlosigkeit steckt, der sage sich immer wieder vor:

Nur guter Mut – alles wird gut!
Alles wird besser und besser – alles wird gut!

Ähnlich positiv können sich andere individuell auszuwählende Sonderformeln auswirken, wie bei Ängstlichkeit, psychischem Tief, Kummer, Krankheitsrückfall, Problemen oder bei innerer Unsicherheit, Aufgeregtheit, Minderwertigkeitszuständen, Verkrampfungen, nervösen Zuständen, Selbstzweifeln usw. Andere Formeln können die Durchblutung bestimmter Körperregionen und damit deren Heilung unterstützen. Als Lernhilfe z.B. ist bewährt:

Gehirn ist voll Blut – es arbeitet gut!

Weitere Formeln unterstützen die Heilung verschiedener Funktionsstörungen, von Atemschwierigkeiten, Sprechhemmungen, intimen Schwierigkeiten bei Mann und Frau, Schlafstörungen bis zu Alkohol-, Nikotin- und Drogenmißbrauch (siehe Kapitel: Bewährte Sondersuggestionen). Suchen Sie sich Ihre Sonderformel!

Eindrucksvolle Erfolge haben viele Menschen mit der *Schnell-Suggestion* von *Coué* erzielt. Diese ist bei verschiedenen psychosomatischen Beschwerden, depressiven Anwandlungen, Schmerzzuständen anzuwenden im Sinne von:

Was mir Kummer (Schmerzen) machen will
geht vorüber, vorbei, geht weg, weg – weg – weg...

Dabei hat man dann nur mehr die Worte weg – weg – weg so schnell als möglich, also „rasend schnell" durch 30 bis 60 Sekunden zu sprechen und dies, wenn nötig, mehrere Male hintereinander, bis die Unannehmlichkeit schließlich ganz verschwunden ist. Als Konzentrationshilfe soll man dabei die Augen schließen und bei seelischen Belastungen mit der Hand über die Stirne streichen, ohne sie zu berühren. Bei körperlichen Beschwerden kreist man hingegen mit der Hand über die betroffene Stelle. Näheres im Kapitel „Die Weg-Suggestion".

Kurzfassung der 8. Anleitung

1. Sprechen Sie getrost öfter mit sich selbst! Lassen Sie Ihr positiv eingestelltes höheres Ich mit Ihren schwächeren, niederen, leicht verzagten Ichkräften sprechen, diese ermahnen, zur Ordnung rufen, sie hinanziehen und durch aufbauende, erfreuliche und ermutigende Worte aufrichten!
2. Sprechen Sie sich jedesmal, wenn Sie sich im Spiegel erblicken, einige aufbauende Worte zu. Behandeln Sie sich nett, aufmunternd, schließlich sind Sie selbst der Ihnen naheliegendste Partner, den Sie haben.
3. Bei Bedarf wählen Sie sich eine Sondersuggestion aus und sagen sich diese oftmals während des Tages vor.
4. Für alle Bemühungen um die Wirkungssteigerung Ihrer bewußten Autosuggestion gilt:

Ich weiß, daß ich es schaffen werde!

9. Anleitung
Die Zielmeditation

Fortgeschrittene, denen die 5. Anleitung, die Zielvorstellung, schon gut gelingt, können noch einen Schritt in dieser Richtung weitermachen, indem sie zur Zielmeditation übergehen. Die Zielmeditation ist auch eine Zielvorstellung, aber eine, bei der das Vorgestellte ganz bewußt möglichst *tief empfunden* und *zuinnerst erlebt* werden soll. Viele Übende erheben bei dieser Anleitung den Einwand, daß sie schon bei der Vorstellungsübung immer alles mitempfunden hätten. Das ist gut und richtig. Dennoch ist es noch viel zu wenig, denn durch bewußten Einsatz aller aufbietbaren Empfindungsfähigkeit läßt sich die Empfindungstiefe der Übung noch gewaltig steigern. Ja sie läßt sich sogar immer wieder weitersteigern, je mehr man durch das Üben seine Vorstellungs- und Empfindungskräfte weiterentwickeln konnte.

Während bei der Zielvorstellung der Schwerpunkt der Aufgabe allein auf der *Vorstellung* beruht, werden bei der richtigen Meditation zusätzlich noch ganz beträchtliche Intensitäten von *Gefühls-* oder *Empfindungswerten* aufgeboten. Schließlich sollen die hier in erster Linie mobilisierten beiden Hauptkräfte, die Vorstellungs- und die Empfindungskräfte, etwa gleichermaßen dieselbe Intensität erreichen, sich also ungefähr die Waage halten. Das ist so zu verstehen, daß die Zielmeditation durch den gezielten zusätzlichen Einsatz der Empfindungskraft insgesamt etwa eine fast doppelt so hohe Kraftintensität erlangen soll, als die Vorstellung allein.

Die zusätzliche Komponente, auf die es in der Zielmeditation ankommt, bringt *Goethe* in seiner herrlichen dichterischen Form so zum Ausdruck:

„Fühl es vor, du wirst gesunden, traue neuem Tagesblick!"

Dieses Vor-fühlen, Ein-fühlen, Ein-leben und Mit-erleben in die Vorstellung ist vielleicht anfangs nur spärlich, gelingt aber mit konsequentem, geduldigem Üben immer besser. Schließlich erleben Sie in sich das von Ihnen vorgestellte Bild und die ganze Szenerie rundherum so intensiv, daß Sie während der Meditation alles andere völlig vergessen. Es ist wie bei einem spannenden Film, bei dem man vergißt, daß man vor dem Bildschirm oder im Kino sitzt. Man identifiziert sich weitgehend mit den Ereignissen des Filmes. Auch bei der Zielmeditation soll das Vorstellungsbild in uns so weit als möglich – und wenn auch nur auf Momente – „lebendig“ werden. Diese Lebendigkeit ist es, die auf unsere gestalterischen Kräfte einen außerordentlich mächtigen Impuls ausübt, die Verwirklichung des Bildes unermüdlich voranzutreiben.

Es wäre aber völlig wertlos, Vorstellungs- und Empfindungsaufgaben nur so nebenbei und leichthin zu probieren und dann wieder sein zu lassen. Es handelt sich ja bei allen angegebenen Übungen um keine Zaubertricks, die man spaßhalber versucht, sondern um *Anleitungen für systematische Entwicklung brachliegender wertvollster Kräfte, die ein jeder besitzt.* Nur in geübtem Zustand können sie uns entscheidende Dienste für das ganze Leben leisten. Wie sich ein kümmerlicher Stubenhocker nur durch systematisches körperliches Üben allmählich zum wohlgeformten Leistungssportler und einem Kraftathleten entwickeln kann, so können wir nur durch konsequentes Üben unsere Innenkräfte in den Griff bekommen, sie zu lenken lernen, zur Entfaltung bringen und ihre Stärke zum Mehr- und Vielfachen steigern. Mit ihrer Hilfe aber können wir die Mehrzahl aller Aufgaben unseres Lebens, auch aller unserer Probleme, besser, erfolgreicher, glückbringender meistern.

Die angegebene Meditationsform entwickelt und entfaltet die vorstellenden und empfindenden Kräfte des Übenden derart, daß er schließlich, wenn es ihn danach drängt, auch leicht eine der vielen religiös ausgerichteten Meditationsformen und -methoden auszuführen vermag. (Dies gilt natürlich nicht für vorstellungslose Systeme, die auf anderen Prinzipien aufgebaut sind.)

Autosuggestive und religiöse Bestrebungen ergänzen sich grundsätzlich sehr gut: Die ersteren stärken das für den heutigen Menschen so notwendige Selbstvertrauen, die letzteren wieder das erforderliche Gottvertrauen, welches zu einer segensreichen Überhöhung aller angeführten Bemühungen führen kann. Im Rahmen dieser Schrift kann allerdings nicht auf die starken ergänzenden Bezüge zu religiösen Bestrebungen eingegangen werden.

Die 9. Anleitung lautet: Anstelle der bisher von Ihnen geübten Zielvorstellung gehen Sie auf die Zielmeditation über, indem Sie nun bewußt Ihre Empfindungskräfte einsetzen, schulen und zur Entwicklung bringen. Außerdem können Sie bei Bedarf auch jene breitgefächerte Meditationsaufgabe in Angriff nehmen, welche bereits Anteile der 1., 5., 6., 7., 8. und 9. Anleitung in sich aufweist, und die in der Grundlagenschrift als *„Zielmeditation zur Gesundung“* genau beschrieben ist. Diese Übung sollte aber besser erst dann versucht werden, wenn die früheren Anleitungen schon gut ansprechen. Sie besteht aus folgenden 4 Teilen:

a) Allgemeine Entspannung
b) Zielvorstellung für die Organe
c) Zielvorstellung für den Gesamtzustand
d) Sprechen der Suggestionsformel

Kurzfassung der 9. Anleitung

1. Gehen Sie von der bloßen Zielvorstellung endgültig auf Zielmeditation über.
2. Empfinden Sie das vorgestellte Bild so innig, daß es lebendig wird und Sie für den Moment alles andere vergessen.
3. Entwickeln Sie durch regelmäßige Meditationsübung Ihre Vorstellungs- und Empfindungskräfte immer mehr!

10. Anleitung
Die Kunst der Imagination

Zu allem ist die Imagination imstande. *Paracelsus*

Imagination ist die weitaus stärkste Form der Selbstbeeinflussung. Jedermann übt sie mehr oder weniger unbewußt und unkontrolliert aus, obwohl ihr Einfluß unglaublich groß ist. Die Imagination und nicht der Wille ist die souverän führende erste Macht im Menschen. Was aber ist Imagination?

Imagination in ihrer einfachsten, alltäglich ausgeführten Form ist alles, was man sich vorstellt oder sich einbildet *und woran man fest glaubt.* Mit anderen Worten:

Imagination ist ein Gespann von zumindest zwei zusammenwirkenden Kräften: der Vorstellungs- oder Einbildungskraft *und* der Glaubenskraft. Dieses Gespann strebt mit vereinter Stärke und großer Intensität dem erglaubten Ziel entgegen. Man kann sich aber sowohl etwas Glückliches, Gesundes, Verheißungsvolles wie etwas Unglückliches, Krankes, Bedrohliches ein-bilden. Daher hängt es von der Art der erglaubten Vorstellung ab, ob man durch seine Imagination etwas Gutes oder etwas Übles in die Welt setzt und zu ernten bekommt.

Bei der *Kunst der Imagination* handelt es sich um eine zu erwerbende, sich zu erarbeitende enorme Fähigkeit oder Kunst, die vor allem zwei Aufgaben zu dienen hat:

Die *erste* besteht darin, die nahezu automatisch geschaffenen unkontrollierten eigenen Imaginationen in den Griff zu bekommen. Es sollen künftig negative Imaginationen mit ihren verhängnisvollen Auswirkungen vermieden und nur mehr positive Imaginationen geschaffen werden.

Die *zweite* besteht darin, die eigene Imaginationskraft bewußt handhaben zu lernen, sie gezielt zu üben, sie allmählich zu immer höheren Entwicklungsstufen zu bringen und schließlich zum eigenen Segen und dem anderer anzuwenden.

Wie Sie schon selbst erkannt haben, falls Sie bereits die Mehrzahl der Anwendungen von 1–9, besonders aber die Zielmeditation üben, haben Sie damit Ihre eigene Konzentrationsfähigkeit gesteigert und Ihre Vorstellungs- und Empfindungskräfte verstärkt. Wenn Sie dabei nicht nachlassen, dann schaffen Sie sich bereits dadurch die besten Voraussetzungen für die *Kunst der bewußten Imagination.* Die Zusammenhänge sind die folgenden:

Unsere Vorstellungs- und Empfindungskräfte stehen in so enger Beziehung und Wechselwirkung zu allen übrigen schöpferischen Gestaltungskräften, daß die letzteren mit jeder Ihrer Vorstellungs- und Meditationsübungen mitaufgerufen und mitentwickelt werden.

Dies gilt vor allem für die Glaubens- und die Willenskräfte. Im besonderen kommt es auf die Entwicklung der Glaubenskräfte an, weil diese bei der Imagination die alleinige Führungsrolle übernehmen. Versuchen Sie daher durch entsprechende innere Einstellung bewußt das Glauben – im Sinne eines *formgebenden Gestaltens mit der Überzeugung des sicheren Gelingens* – zu üben. Sie beginnen mit der Ihnen bereits geläufigen Zielmeditation, die Sie jetzt aber noch zusätzlich durch Glauben bzw. mit einem begeisterten „Vor-Wissen" um den Erfolg durchdringen, d. h. Sie verstärken, überformen und überhöhen die Meditation mit Ihrer gesamten Glaubenskraft. Die Übung der bewußten Imagination besteht somit aus drei Aufgabenstellungen:

1. aus der gezielten Vorstellung
2. aus der miterlebenden Empfindung
3. aus dem formgebenden Glauben mit dem „Vor-Wissen" des Gelingens.

Wie alle anderen schöpferischen Kräfte lassen sich auch die Glaubenskräfte üben, entfalten und vermehren. Erreichen sie

einen sehr hohen Intensitäts- oder Spannungsgrad, dann spricht man vom *„dynamischen Glauben“.* Der Einfluß dieses Glaubens ist bereits außerordentlich groß. Er bewirkt die *höchste Form der Imagination.* Diese besteht darin, daß die dynamische *Glaubenskraft sämtliche im Menschen überhaupt verfügbaren Energien aufbietet und sie wie durch ein Brennglas auf einen einzigen Punkt hin konzentriert. Auch sämtliche Gestaltungskräfte, einschließlich der geistigen Schaffens-, Liebes- und Willenskräfte werden durch den dynamischen Glauben zu einer Einheit zusammengebündelt und mit geballter Wucht auf diesen einen Punkt hin, nämlich auf die Verwirklichung des Glaubensbildes „entfesselt losgelassen“. Imagination in dieser hochentwickelten Form übertrifft naturgemäß ganz wesentlich das übliche alltägliche Imaginieren, weil es mit dem Aufbieten und Konzentrieren sämtlicher* Kräfte des Menschen einhergeht. Der Glaube aber stellt hier bereits eine unerhörte Macht dar. Das ist der vielzitierte *„Glaube, der Berge versetzen kann“, d.h. jene innere Gewalt, welche die scheinbar festgefügten Kettenglieder äußeren Geschehens derart umzuwandeln vermag, daß sie sich wie Wachs ändern nach der jeweiligen Glaubensform.*
Dementsprechend sagt *Bô Yin Râ:*

„Dein Glaube ist das Modell, nach dem das flüssige Erz Deines Schicksals sich formt.“

Und an anderer Stelle lehrt er:

„Bist Du krank, dann er-glaube Dir Deine Gesundheit, und wenn Dein Körper noch zu retten ist, dann werden die Ärzte, denen Du Dich vertraust, Dir dankbar für Deine Hilfe für Deine Genesung sein!...“

Das Konzentrieren sämtlicher Kräfte auf die Verwirklichung des erglaubten Zieles geht selbstverständlich immer gemeinsam mit allen sinnvollen äußeren Bemühungen einher. Der Student muß natürlich auch sehr fleißig lernen, der Kranke auch dem Arzt gehorchen, der Sportler auch gewissenhaft trainieren usw. Das

Erglauben eines Erfolges ohne das entsprechende äußere Mitwirken wäre eine halbe Maßnahme und daher sinnlos. Dazu sagt *Bô Yin Râ:*

„Ohne Anspannung aller Deiner übrigen Kräfte ist die Kraft Deines Glaubens biegsames Blei, – erst dadurch, daß Du trotz allem Vertrauen in die Kraft Deines Glaubens jede nur auffindbare Energie in Dir, um Dir selbst zu helfen, auch nach außen hin tätig werden läßt, wird die Kraft Deines Glaubens zu federndem Stahl, zu einer ‚Toledoklinge', die auch am härtesten Widerstand nicht zerbricht und schließlich den Knoten durchschlägt und durchschneidet, der sich anders nicht mehr lösen läßt..."

Um den häufigsten Fehler der bewußten Autosuggestion vermeiden zu helfen, sei auch hier betont, daß es nicht der Wille ist, der wie eine Toledoklinge auch den härtesten Widerstand durchschlagen und durchschneiden kann. Die üblichen Willensanspannungen, Anstrengungen, Energieanwandlungen, das sogenannte feste Wollen und das Erzwingenwollen, führen nämlich bei allen diesen Aufgaben, die nur mit Hilfe des Unbewußten zu lösen sind, zu Mißerfolg. Die unbewußten Kräfte lassen sich nie zwingen! (Siehe Kapitel: Der Kardinalfehler der Willensanspannung!)

Jede Imagination wirkt durch das *Glauben.* Es kommen zwar automatisch(!) auch die wichtigen Willenskräfte mit zum Einsatz, aber nicht aus eigener Machtvollkommenheit, sondern als begleitender *„wollender Glaube",* d.h. in der vom Glauben vorgegebenen und bestimmten Form. Der Glaube also führt allein und nicht der Wille! Aus diesem Grund darf man sich bei der Kunst der Imagination *allein auf das Glauben und nie auf das Wollen konzentrieren!* Daher heißt es auch nicht: „Bist Du krank, dann ER-WOLLE Dir Deine Gesundheit!", sondern es heißt: *„ER-GLAUBE Dir Deine Gesundheit!"* Der Unterschied ist so entscheidend, daß er vom Übenden sowohl verstanden als auch erfühlt werden muß!

Beachten Sie: Der innere Krafteinsatz beim Glauben und beim Wollen ist grundverschieden: Dies praktisch voneinander unterscheiden zu können und nicht zu verwechseln, ist die wichtigste Voraussetzung, um die Fähigkeit des Imaginierens oder *Erglauben-Könnens* in sich zur Entwicklung zu bringen. *Paracelsus* lehrt: „Alles Imaginieren des Menschen kommt aus dem Herzen." Das übliche Erzwingen-Wollen kommt aber wohl nicht aus dem „Herzen", sondern vielmehr aus dem bewußten Verstand, aus dem Gehirn. Anstelle des Glaubens darf sich also nie das uns oberbewußt viel geläufigere Wollen und Erzwingen-Wollen einschleichen oder einschwindeln!

Da sich jeder Mensch alltäglich weitgehend unbewußt allerlei ein-bildet, besitzt auch jeder, mehr oder weniger ausgeprägt, die Begabung in sich, zumindest die Grundstufe der Kunst des Erglauben-Könnens zu erlernen. Das allein ist schon sehr viel! Für die hohe Form dieser Kunst müssen allerdings auch noch die höchsten schöpferischen Kräfte des Menschen einen beträchtlichen Entwicklungs- und Entfaltungsgrad erreicht haben. Es sind dies seine hohen seelisch-geistigen oder spirituellen Kräfte, die man im Gegensatz zum Unterbewußten und zum Bewußten dem *Überbewußten* oder dem *Über-Ich* zuzurechnen pflegt. Einen solchen Entfaltungsgrad dieser Kräfte erzielt man aber nur durch das Gehen eines inneren oder geistigen Entwicklungsweges. Dieser kann gerade auch als *„WEG DER BEWUSSTEN SELBSTBEEINFLUSSUNG"* (siehe Grundlagenbuch!) seinen Anfang nehmen.

Dieser Weg unterstützt alle Bestrebungen, sein Innen- und Außenleben bestmöglich zu ordnen und sich eine grundsätzlich heile und positive Lebenseinstellung zu erarbeiten. *Außerdem stößt er die „Nase" aller Schwärmer, Illusionisten* und *„Weltverbesserer", welche mit ihren Theorien gleich die Gesellschaft und die ganze Menschheit verändern und beglücken wollen, auf den einzigen wirklich lohnenenden Ansatzpunkt zu dieser Verbesserung hin: Auf die Arbeit an sich selbst und an der eigenen Entwicklung zum Besseren.* Durch solche Bestrebungen eröffnet man sich schließlich auch den Zugang zum Erkennen höherer Kräfte und transzendenter Einflüsse. Diese können zwar von unserem eng begrenzten Verstandeswissen nicht er-faßt und be-griffen werden, unterstützen aber segensreich unser höheres Streben und die Entfaltung unserer spirituellen Kräfte.

Auch geringere Grade der Kunst der Imagination erschließen sich dem Übenden nicht sehr leicht. Es dürfte aber bei der enormen Wirkungsmacht des Glaubens einleuchten, daß dieser sich erst durch langjährige Übung, Schulung und Entwicklung zu hohen Stufen entfalten läßt. Es verhält sich genauso wie mit der Entwicklung jeder anderen Fähigkeit, etwa eine Fremdsprache fließend zu sprechen oder am Klavier brillant zu spielen. Aber jeder kleinste Schritt am Wege der Kunst des Er-glauben-Könnens wird sich ebenso als hilfreich erweisen wie jeder geringste Fortschritt bei jeder anderen Form der bewußten Autosuggestion. Jede Arbeit an sich selbst wird schließlich ihren Segen nicht ausbleiben lassen und die Entwicklung des Übenden zu hohen Stufen der Selbstentfaltung und Selbstbemeisterung vorantreiben: mit dem Ziel – im Rahmen des Erlaubten und Möglichen – eine besonders glückliche Gestaltung seines ganzen weiteren Lebens und die seiner Umwelt zu verwirklichen.

Kurzfassung der 10. Anleitung

Üben Sie konsequent die Anleitungen 1–9 weiter! Lernen Sie dabei, stets Ihre Glaubenskräfte zu aktivieren und zusätzlich in jede Übung einfließen zu lassen. Ihr Ziel ist das *Er-glauben-Können,* das schon in seinen Anfangsstufen Ihr Denken, Sprechen und Handeln günstig beeinflussen wird. Schließlich soll Ihre innere Sicherheit und Überzeugtheit so wachsen, daß Sie vor bestimmten Aufgaben GLAUBEN – und damit auch schon absolut WISSEN – ganz sicher erfolgreich zu sein.

Durch langjährige Übung, Schulung und Entwicklung Ihrer Innenkräfte, vor allem Ihrer Glaubenskräfte, lassen sich immer höhere Stufen in der Kunst der Imagination erreichen. Damit gehen Sie bereits den inneren
WEG DER BEWUSSTEN SELBSTBEEINFLUSSUNG.
An diesem gelangt der Übende zu immer neuen Stationen der Selbstentwicklung und Selbstbemeisterung, wobei er immer fähiger wird, sein gesamtes weiteres Schicksal – im Rahmen des Möglichen – in jeder Hinsicht immer glückbringender zu gestalten.

Der Schlüssel Ihres Lebens sind und bleiben aber immer nur Sie selbst und die Meisterung Ihrer eigenen schier unerschöpflichen inneren Kräfte. In diesem Sinne sang auch einst *Walther von der Vogelweide* den Edelsten seiner Zuhörer vor:

Wer schlägt den Löwen?
Wer schlägt den Riesen?
Wer schlägt jenen oder diesen?
NUR DER, DER SICH SELBST BEZWINGET!

* *
*

Anschrift des Verfassers:
Med.-R. Dr. Erich Rauch, Gesundheitszentrum am Wörthersee,
A-9082 Maria Wörth-Dellach/Österreich

HAUG

Vorbeugen und heilen …

NOTIZEN

NOTIZEN

NOTIZEN

NOTIZEN

NOTIZEN